# The Mass in Spanish

# La Misa en Español

En el nombre del Padre (+), y del Hijo, y del Espíritu Santo.

    Amén.

La gracia de nuestro Señor Jesucristo, el amor del Padre y la comunión del Espíritu Santo estén con todos ustedes.

    Y con tu espíritu.

Hermanos: para celebrar dignamente estos sagrados misterios, reconozcamos nuestros pecados.

Yo confieso ante Dios todopoderoso y ante vosotros, hermanos,
que he pecado mucho de pensamiento, palabra, obra y omisión.
Por mi culpa, por mi culpa, por mi gran culpa.
Por eso ruego a santa María, siempre Virgen,
a los ángeles, a los santos y a vosotros, hermanos,
que intercedáis por mí ante Dios, nuestro Señor.
Dios todopoderoso tenga misericordia de nosotros, perdone nuestros pecados y nos lleve a la vida eterna.
Amén.

Señor, ten piedad.
    Señor, ten piedad.
Cristo, ten piedad.
    Cristo, ten piedad.
Señor, ten piedad.
    Señor, ten piedad.

# GLORIA

Gloria a Dios en el cielo,
y en la tierra paz a los hombres que ama el Señor.
Por tu inmensa gloria te alabamos,
te bendecimos, te adoramos,
te glorificamos, te damos gracias,
Señor Dios, Rey celestial, Dios Padre todopoderoso.
Señor, Hijo único, Jesucristo,
Señor Dios, Cordero de Dios, Hijo del Padre;
tú que quitas el pecado del mundo, ten piedad de nosotros;
tú que quitas el pecado del mundo, atiende nuestra súplica;
tú que estás sentado a la derecha del Padre, ten piedad de nosotros.
Porque sólo tú eres Santo,
sólo tú Señor, sólo tú Altísimo,
Jesucristo, con el espíritu Santo en la gloria de Dios Padre.
Amén.

## ORACIÓN COLECTA

## LITURGIA DE LA PALABRA

## PRIMERA LECTURA

Palabra de Dios.
    Te alabamos, Señor.

## SALMO RESPONSORIAL

## SEGUNDA LECTURA

Palabra de Dios.
Te alabamos, Señor.

## ALELUYA

## EVANGELIO

El Señor esté con ustedes
Y con tu espíritu.
Lectura del santo Evangelio según san ...
    Gloria a ti, Señor.

Palabra del Señor.
    Gloria a ti, Señor Jesús.

## HOMILÍA

# CREDO

Creo en un solo Dios,
Padre todopoderoso, Creador del cielo y de la tierra, de todo lo visible y lo invisible.
Creo en un solo Señor, Jesucristo,
Hijo único de Dios,
nacido del Padre antes de todos los siglos:
Dios de Dios, Luz de Luz,
Dios verdadero de Dios verdadero,
engendrado, no creado, de la misma naturaleza del Padre, por quien todo fue hecho;
que por nosotros, los hombres, y por nuestra salvación bajó del cielo;
y por obra del Espíritu Santo se encarnó de María, la Virgen, y se hizo hombre;
y por nuestra causa fue crucificado en tiempos de Poncio Pilato;
padeció y fue sepultado, y resucitó al tercer día, según las Escrituras,
y subió al cielo, y está sentado a la derecha del Padre;
y de nuevo vendrá con gloria para juzgar a vivos y muertos, y su reino no tendrá fin.
Creo en el Espíritu Santo, Señor y dador de vida,
que procede del Padre y del Hijo,
que con el Padre y el Hijo recibe una misma adoración y gloria,
y que habló por los profetas.
Creo en la Iglesia, que es una, santa, católica y apostólica.
Confieso que hay un solo bautismo para el perdón de los pecados.
Espero la resurrección de los muertos
y la vida del mundo futuro. Amén.

# ORACIÓN DE LOS FIELES

# LITURGIA EUCARÍSTICA

Bendito seas, Señor, Dios del universo,
por este pan, fruto de la tierra y del trabajo del hombre, que recibimos de tu generosidad y ahora te presentamos; él será para nosotros pan de vida.
    Bendito seas por siempre, Señor.

Bendito seas, Señor, Dios del universo,
por este vino, fruto de la vid y del trabajo del hombre, que recibimos de tu generosidad y ahora te presentamos; él será para nosotros bebida de salvación.
    Bendito seas por siempre, Señor.

Orad, hermanos,
para que este sacrificio, mío y vuestro,
sea agradable a Dios, Padre todopoderoso.
El Señor reciba de tus manos este sacrificio, para alabanza y gloria de su nombre,
para nuestro bien y el de toda su santa Iglesia.

## ORACIÓN SOBRE LAS OFRENDAS

Amén.


El Señor esté con vosotros.
    Y con tu espíritu.
Levantemos el corazón.
    Lo tenemos levantado hacia el Señor.
Demos gracias al Señor, nuestro Dios.
    Es justo y necesario.

# PLEGARIA EUCARÍSTICA II

En verdad es justo y necesario,
es nuestro deber y salvación,
darte gracias, Padre Santo, siempre y en todo lugar, por Jesucristo, tu Hijo amado.
Por el, que es tu Palabra,
hiciste todas las cosas;
tú nos lo enviaste para que,
hecho hombre por obra del Espíritu Santo y nacido de Maria, la Virgen,
fuera nuestro Salvador y Redentor.
El, en cumplimiento de tu voluntad,
para destruir la muerte y manifestar la resurrección, extendió sus brazos en la cruz,
y asi adquirió para ti un pueblo santo.
Por eso con los ángeles y los santos
proclamamos tu gloria, diciendo:
Santo, Santo, Santo es el Señor,
Dios del Universo.
Llenos están el cielo y la tierra de su gloria. Hosanna en el cielo.
Bendito el que viene en nombre del Señor. Hosanna en el cielo.

Santo eres en verdad, Señor,
fuente de toda santidad;
por eso te pedimos que santifiques estos dones
con la efusión de tu Espíritu,
de manera que sean para nosotros
Cuerpo (+) y Sangre de Jesucristo, nuestro Señor.

El cual, cuando iba a ser entregado a su Pasión,
voluntariamente aceptada,
tomó pan; dándote gracias, lo partió
y lo dio a sus discípulos diciendo:

TOMAD Y COMED TODOS DE EL, PORQUE ESTO ES MI CUERPO,
QUE SERÁ ENTREGADO POR USTEDES

Del mismo modo, acabada la cena,
tomó el cáliz, y, dándote gracias de nuevo,
lo pasó a sus discípulos, diciendo:

TOMAD Y BEBED TODOS DE EL,
PORQUE ÉSTE ES EL CÁLIZ DE MI SANGRE, SANGRE DE LA ALIANZA
NUEVA Y ETERNA, QUE SERÁ DERRAMADA POR USTEDES
Y POR TODOS LOS HOMBRES
PARA EL PERDÓN DE LOS PECADOS.
HACED ESTO EN CONMEMORACIÓN MÍA.

Éste es el Sacramento de nuestra fe:
> Anunciamos tu muerte, proclamamos tu resurrección.
> !Ven, Señor Jesús!

Así, pues, Padre,
al celebrar ahora el memorial
de la muerte y resurrección de tu Hijo,
te ofrecemos el pan de vida y el cáliz de salvación,
y te damos gracias porque nos haces dignos
de servirte en tu presencia.
Te pedimos, humildemente,
que el Espíritu Santo congregue en la unidad
a cuantos participamos del Cuerpo y Sangre de Cristo.
Acuérdate, Señor, de tu Iglesia extendida por toda la tierra;
y con el Papa ... , con nuestro Obispo ...

y todos los pastores que cuidan de tu pueblo,
llévala a su perfección por la caridad.
Acuérdate también de nuestros hermanos
que durmieron en la esperanza de la resurrección, y de todos los
que han muerto en tu misericordia; admítelos a contemplar la luz
de tu rostro.
Ten misericordia de todos nosotros,
y así, con María, la Virgen, Madre de Dios,
los apóstoles
y cuantos vivieron en tu amistad
a través de los tiempos,
merezcamos, por tu Hijo Jesucristo,
compartir la vida eterna y cantar tus alabanzas.

Por Cristo, con él y en él,
a ti, Dios Padre omnipotente,
en la unidad del Espíritu Santo,
todo honor y toda gloria por los siglos de los siglos.
    Amén.

## RITO DE LA COMUNIÓN

Fieles a la recomendación del Salvador y siguiendo su divina enseñanza, nos atrevemos a decir:

## PADRE NUESTRO

Padre nuestro, que estás en el cielo,
santificado sea tu Nombre;
venga a nosotros tu reino;
hágase tu voluntad en la tierra como en el cielo.
Danos hoy nuestro pan de cada día;
perdona nuestras ofensas,
como también nosotros perdonamos a los que nos ofenden;
no nos dejes caer en la tentación,
y líbranos del mal.

Líbranos de todos los males, Señor,
y concédenos la paz en nuestros días,
para que, ayudados por tu misericordia,
vivamos siempre libres de pecado
y protegidos de toda perturbación,
mientras esperamos la gloriosa venida
de nuestro Salvador Jesucristo.

>   Tuyo es el reino, tuyo el poder y la gloria, por siempre, Señor.

Señor Jesucristo, que dijiste a tus apóstoles: "La paz os dejo, mi
paz os doy"; no tengas en cuenta nuestros pecados,
sino la fe de tu Iglesia
y, conforme a tu palabra, concédele la paz y la unidad.
Tú que vives y reinas por los siglos de los siglos. Amen.

La paz del Señor esté siempre con ustedes.
>    Y con tu espíritu.

## CORDERO DE DIOS

Cordero de Dios, que quitas el pecado del mundo, ten piedad de nosotros.

Cordero de Dios, que quitas el pecado del mundo, ten piedad de nosotros.

Cordero de Dios, que quitas el pecado del mundo, danos la paz.

Éste es el Cordero de Dios, que quita el pecado del mundo.
Dichosos los invitados a la cena del Señor.
>    Señor, no soy digno de que entres en mi casa, pero una palabra    tuya bastará para sanarme.

El Cuerpo de Cristo.
Amén.

La Sangre de Cristo
Amén.

## ORACIÓN DESPUÉS DE LA COMUNIÓN

## RITO DE CONCLUSIÓN

El Señor esté con ustedes.
    Y con tu espíritu.

La bendición de Dios todopoderoso,
Padre (+), Hijo y Espíritu Santo, descienda sobre vosotros.
    Amén.
Podéis ir en paz.
    Demos gracias a Dios.

# NOTAS

# NOTAS

# NOTAS

# NOTAS

Printed in Great Britain
by Amazon